AF205045

© 2015 Emine Kaube

Autor : Emine Kaube

Umschlaggestaltung: Klaus Kaube

Verlag: tredition GmbH, Hamburg

ISBN:  978-3-7323-2055-4 (Paperback)
       978-3-7323-2056-1 (Hardcover)
       978-3-7323-2057-8 (e-Book)

Printed in Germany

Suzan Emine Kaube

# Hinaus ins Licht

## Gedichte
2015

 tredition®

*für meine Enkeltöchter*
*Ayla und Alara*

# Warten und Hoffen

Warten und Hoffen,
auf irgendein Ziel.
Das gab sehr oft schon
meinem Dasein Sinn.

Die Hoffnungen erfüllten sich
manchmal ganz plötzlich über Nacht,
und manchmal niemals
mein ganzes Leben lang.

## Es geht weiter

Es geht so weiter.
Man schweigt,
wo man nicht schweigen dürfte.
Vielleicht hat man die Hoffnung,
so ließe sich etwas erreichen.

Ein Hilfeschrei, an fremde Ohren
gerichtet, wie an die eigene Seele,
drängt mehr und mehr
aus meinem Leib hervor,
nicht aus dem Kopf.

Ich werde krank davon,
wenn ich die stummen Menschen sehe,
fühle mich hilflos,
als wäre ich einer von denen,
die es mit Nichtstun gut sein lassen.

## Erde, Sonne und Regen

Ein kleines Pflänzchen in meiner Hand,
hofft groß zu werden:

Die Erde will sich Mühe geben,
ein Leben ihm zu schenken.
Leuchtend hell ist die Zukunft,
die es erwarten darf:

Erde, Sonne und Regen
werden ihm dazu Mut schenken.
Auch wir versprechen ihm von Herzen,
Gedeihen und ein schönes Leben.

## Einsam

Allein mit mir selbst,
In leeren Wänden,
verstummen die Wörter,
die gesagt werden wollten.

Es wäre vielleicht besser,
wenn ich jetzt etwas täte.
Doch in diesem Zustand
habe ich zu nichts einen Willen.

## Lebensfreude

Die Freude ist in mir noch stark,
wie diese neu erblühte Rose:
Voll Saft und Kraft,
voll Lust zum Leben
und gern bereit,
etwas zu geben.

Wer sagt, dass es zu spät ist,
um einen Neubeginn zu wagen,
wenn zufällig eine Gelegenheit dazu,
den Weg kreuzt, der noch vor dir liegt!

## Die Nacht

Die Nacht geht zu Ende,
das erste Licht erhellt die Welt.
Bald wird die Dunkelheit verdrängt,
und alle Winkel werden leuchten.

Die Lebewesen werden wieder
ihre gewohnten Wege finden.
Das Warten auf das Licht
zu Ende sein.

## Der Kranke

Der Kranke liegt
mit Fieber still in seinem  Bett.
Aussichtslos scheint es zu sein,
dass er noch einmal auf die Beine
kommt.
Dass ein gesundes Leben
ihm noch einmal geschenkt wird.

Manchmal träumt er davon,
dass er herum springt auf den Feldern,
manchmal schwingt er sich in die Luft.
Auf Besserung zu warten, ist
im Augenblick sein einziger Trost,
da ihm sonst nichts geblieben ist.

## Der tote Freund

Ein Mensch, der mir nahe stand,
schwebt in der Ferne im All.
Ich wende die Augen nach oben,
um ihn zu fassen.

Gibt es dort oben nicht einen Schimmer,
der sich mir nähert?
Ach, wo ist er nun?
Fliegt er schon wieder
an mir vorbei?..

## Es hört nicht auf

Es hört nicht auf:
Wo fängt das Elend an,
wo hört es auf:
Wenn ich die Welt beschaue:
Eine Tragödie, die ohne Ende ist.

Sich abzuwenden, nichts sehen wollen,
kann nicht die Lösung sein
für die Probleme,
die ich so gern vergessen würde.

Lass' ich um mich herum
die Blicke schweifen,
packt mich die Angst,
dass ich erblinde.

## Ein Seevogel

Ich möchte ein Seevogel werden,
den niemand frisst,
weil er niemandem schmeckt.

Ich hätte dann zum Fliegen
endlos viel Raum.
Und hätte von oben
den schönsten aller Blicke.

Für alle Zeiten ist den Vögeln das
vergönnt.
Ich wäre so gerne eines dieser Wesen.

Ob ich Gott bitten sollte,
dass er mir diese Gunst gewährt?

## Wände

Was die Wände rings herum
über uns erzählen könnten!
Was alles uns auf Dauer fehlt:

Die Freude, Sehnsucht, Langeweile.
Daneben aber manches Mal
seltsamer Weise auch:
ein bisschen Ärger,
bisschen Krach.

Wie gut, dass sie nicht reden können!

## Immer wieder Liebe

Liebe, Liebe,
immer wieder Liebe.
Groß ist der Hunger nach ihr.
Der Magen bekommt seine Nahrung,
aber das Herz hat nie genug davon.

Sehnsucht nach Liebe
ist quälender, als Hunger.
Und vollkommen gelingt es nie,
die Leere auszufüllen.

## In den Gärten

Wie ich sehe,
freuen sich die Blüten
über die Sonne.
Die Freude lacht ihnen
geradezu aus dem Gesicht.

Als würde sie die Wärme
ganz heimlich kitzeln.
Als seien sie drauf und dran,
im nächsten Augenblick
in lautes Lachen auszubrechen.

## Dasein

Alles, was ich ringsum erblicke,
will eine Geschichte mir erzählen.
Denn nichts ist ohne Sinn hier,
weil Gott es so geschaffen hat.
Sei es utopisch oder voller Freude,
sei es spontan, sei es nur ärgerlich:

All dieses sind für mich
Beweise dafür,
dass wir da sind.

## Marina

Die Luxusyachten liegen
Seite an Seite und warten
auf jemand,
der vielleicht kommen mag,
und vielleicht nicht.

Es hängt zum Beispiel davon ab,
ob er gesund ist oder nicht.

Was Menschen dürfen,
wird allein von Gott entschieden.
So will es das Geschick.
Was immer man auch sagen möchte:
Auch Reichtum kann daran nichts
ändern.

## Angehörige

Ich habe Angehörige mit Ansichten,
die mich verrückt zu machen drohen.

Sie geben sich
nicht die geringste Mühe,
um Selbstkritik zu üben.

Das heißt ja wohl:
Sie wollen mit ihren Fehlern
immer so weiter leben.

## Wunschbürger

Nur willenlose Wesen
wünscht sich der Mensch,
der vor uns steht.

Wer etwas fordert und dafür
sich stark macht,
wird weg gestoßen, fort gedrängt,
getadelt und erniedrigt.

Wer dann noch widerstehen will,
bekommt am Ende obendrein
noch einen Tritt ins Hinterteil.

## Aufregung

In jedem Alter erwartet man
im Stillen jemanden,
den man Willkommen heißen kann.

Ihm gilt die Sehnsucht,
gilt die Liebe.
Er ist die Leidenschaft an sich.

Dein Herz klopft und ist bereit,
zu platzen, ganz wie eine Bombe.
Und deine Arme sind voll  Blumen,
die du ihm gerne schenken möchtest.

## Aus dem Bauch heraus

Es gibt so viel zu sagen
aus dem vollen Bauch heraus.

Nicht, dass wir viel gegessen hätten!
Nein, was uns übersättigt hat,
sind schlechte Meldungen.

Wenn es uns
doch einmal gut gehen wollte
und wir gesättigt wären
von wirklich guten Speisen:

Das Leben würde endlich
aufs Neue zu uns kommen...

## Das Alter

Das Alter spielt für mich
nicht im Geringsten eine Rolle.
Was für mich zählt, ist meine Seele,
und ihr verbunden: die Gefühle.

Mit ihnen sitze, schlafe,
ja existiere ich.
Und schließlich will ich,
wie jeder andre auch,
auf nichts verzichten müssen,
woran ich schon
so lange Zeit gewöhnt bin.

## Das Glück

Gelegentlich habe ich mir
das Glück geraubt,
das dauernd fern von mir verweilte.

Gelegentlich war es auch überfordert,
weil alle Welt sich danach sehnte,
und jedem etwas davon fehlte.

Es ist ein Jammer:
Es zu erhaschen, sind
alle Menschen unterwegs.
Doch nur Geduld und nicht Gewalt
kann Glück dir bringen.

## Die Kleinen

Wenn ich die Kleinen sehe,
möchte ich am liebsten
alle die Gaben des Lebens
Ihnen sofort auf einmal schenken,
sie nicht erst danach streben lassen.

So ist das mit dem Lieben:
wenn man so sehr davon erfüllt ist,
sucht man nach anderen,
die man damit beglücken kann.

## Das Warten

Die Zeit des Wartens
ist die Zeit, die wir am liebsten
uns vertreiben möchten:

Mal an der Haltestelle,
mal in der Bahn, mal auch
im Warteraum des Arztes.

Manchmal bedrückt von Angst,
manchmal erleichtert.

Und meistens bedeutet Warten auch:
Warten auf Glück oder auf Unglück.

## Der Stift

Der Stift will nicht mehr schreiben.
Er möchte am liebsten aufhören,
all das in Worte zu fassen,
was so schwierig ist.


Auch ich will nicht mehr;
mein Herz leidet Schmerzen;
ich, die hilflos und arm
nur zuschauen kann,
und nicht weiter weiß.

Eins könnte mir helfen:
Ruhe, die ewige,
soll mich umfangen:
Ohne Stift, ohne Jammer,
einfach nur ruhen.

## Dichter

Ein Dichter ist verstorben,
ein neuer wird geboren:
Sie dürfen nicht fehlen
in unserem Leben:
Die Gefühle möchten
beschrieben werden!

Wir brauchen sie, unsere Künstler,
die dichten, tanzen und singen
und mit wundervollen Werken
uns jederzeit aufs Neue begegnen.

Groß ist der Platz, der ihnen
in unserem Dasein gebührt!
Wie viel ärmer wäre das Leben,
wenn wir sie nicht hätten!

## Die Enkelkinder

Die beiden Mädchen,
die mir die Liebsten sind:
Eine ist mir so wichtig, wie die andere.
Am größten ist mein Glück,
wenn sie zusammen bei mir sind.

Dann ist die Welt für mich
einmal in Ordnung.
Ein Augenblick, in dem ich
die ohne Glück
vergessen kann.

## Die Katzen

Die Katzen,
an denen wir vorüber gehen,
sind ein Phänomen.

Ein Naturphänomen,
dem man begegnet.
In all ihrer Armseligkeit
kann man nicht gleich
erkennen,
wie sie wohl wirklich sind.

Genau wie es uns Menschen geht:
Verstecken, kratzen, weinen,
lachen und singen:

Aber kaum jemals wissen,
wie man sich anderen
verständlich machen kann.

## Die Nachbarn

Die Nachbarn sind immer da,
wo ich auch bin,
rechts, links von mir,
oben und unten.

Manchmal sind sie ganz lieb,
manchmal auch lästig.
Aber wie die Türken sagen:
„Komşu komşunun külüne muhtaçtır."*
"Eın Nachbar braucht die Glut
von seines Nachbarn Herd".

Das sollte man nie vergessen
und immer nett sein zueinander.


*)lies 'Komschu komschunun külüne
muchtatschdir'

## Die Straßen

Die Straßen sind voll Autos,
kein Ende findet ihre Schlange.
Auch wenn ich einst gestorben bin,
werden sie immer weiter rollen.
Und nie wird das vorüber gehen.

Zu hoffen bleibt nur, dass es sich
allein auf diese Welt beschränkt!

## Erwartungen

Die Tage werden kürzer,
wie meine Erwartungen,
die mehr und mehr aufhören,
Hoffnung zu nähren.

Genuss gab es früher,
in der Zeit, als ich jung war:
Als alles, was ich wollte,
einfach gelang.

Bis zur Mitte meiner Jahre,
als noch alles voller Leben war.
Nun bin ich müde,
Ungeduld hat die Erwartung verdrängt.

Die schönste Erwartung
ist heute mein wohliges Bett.
Und mein Wunsch für die Zukunft:
Ein Wiedersehen
mit den verlorenen Lieben.

## Die Tiere

Tiere sind süß, kindlich
und völlig ohne Hintergedanken.
Vorsicht und Hunger sind
ihre wichtigsten Gefühle.

Manchmal erleben wir,
wie mütterlich sie sorgen können.
Im Übrigen interessiert sie
jedoch nicht ein bisschen,
ob eine Wende in der Politik
kommt oder nicht.
Das überlassen sie den Menschen.

## Im Käfig

Die Vögel, die im Käfig
die Zeit umsonst verbringen müssen:
Betrogen werden  sie ums schöne Leben.
Es ist das Schicksal,
das sie so getroffen hat.
Wer fragt schon, ob sie es verdienen.

Ich denke oft daran, welch harte Strafen
die Kreaturen so ertragen müssen.
Und fürchte, dass,
falls es ein Weiterleben geben sollte,
auch uns das widerfahren könnte.

## Wärme

Wärme brauchen
mein Körper,
meine Hände, meine Füße.
Besonders meine Seele
sucht und sehnt sich
so lange schon nach ihr.

Wenn sie jedoch entsteht,
fließt sie sofort durch alle Adern,
und wärmt das Herz.

## Die Zeit

Die Zeit vergeht.
Ob eine Stunde früher oder später,
hat keinerlei Bedeutung
für Menschen.
Nur nicht für die, die arbeiten,
die eilen oder weilen.

Das ist nichts als ein Spiel,
es geht nur um Profit.
Und es ist völlig unwichtig,
ob wir dazu etwas
zu sagen haben oder nicht.

# Gefühle

Wenn von menschlichen Gefühlen
die Rede ist:
Ich will sie suchen.
Sind sie verloren, oder nur verdeckt
von Gleichgültigkeit und von Gemeinheit?

Ich möchte vor dem Drama,
das sich alltäglich vor uns abspielt,
die Augen schließen,
möchte den Kopf abwenden:
Wenn es denn nur gelingen wollte!

Ist es nicht schade,
dass menschliche Gefühle
so sehr verloren gegangen sind!

## Eigentlich

Meine Kinder sind inzwischen groß.
Doch andere Kinder zwingen mich,
auch weiterhin zu leben:
Die Enkelkinder.
Ich liebe sie
fast mehr als meine eigenen Kinder,
weil sie mein Erbe weitertragen.

Sie sind mir teuer,
teurer als das eigene Leben,
und aller Schmuck in dieser Welt.
Sie sollen leben dürfen,
ihr Dasein frei und
ungestört genießen.
Und meine Liebe soll,
so lang es geht,
sie weiterhin begleiten.

## Ein Baby

Ein Baby, das mit blitzenden Augen
die Gegend ringsherum betrachtet.
Es ist voll Neugier,
möchte schnell erfahren,
was alles so
in dieser Welt geschieht.
Begierig zu wissen,
was hier im Leben auf es wartet.

Deshalb bemüht es sich eifrig,
*'hinaus ins Licht'* zu krabbeln
und alles zu erlernen.

Wir Alten haben dagegen
von allem schon die Nase voll.
Dies drängt uns mit großer Lust dazu,
dem Baby alles schnell zu schenken.

# Ein Mensch

Ein Mensch ist dann ein Mensch,
wenn ihm das Glück gewährt,
eine Familie zu finden.
Eine, die einen Rahmen
für eine Zukunft bietet,
nach der er streben kann.
All das genießen, was jeder andere
sich auch erträumt.
Sonst nagt unmerklich
ein leiser Hunger in ihm.
Hoffnung auf Hilfe von irgendwo,
um ihn zu stillen.

## Ein Schatten

Ein Schatten verfolgt mich,
hält mich von allen Aktivitäten fern.
In mir ist eine tiefe Enttäuschung.
Trotzdem geht es mir
die meiste Zeit nicht schlecht,
und das hält mich am Leben.

Meine Träume aus früheren Jahren
sind nie verloren gegangen.
Vielleicht wird dieser Schatten
mich einmal überholen.
Ich hoffe aber,
dass ich ihn irgendwann besiege.

Vielleicht wird er bald,
wenn die Sonne mir lacht
und die Angst verjagt,
für immer verschwinden...

## Eine Freundschaft

Eine Freundschaft soll einzigartig sein
und ewig weiter existieren.
So eine Freundin habe ich,
mit der wir viele Jahren schon zusammen
sind,
und es auch weiter bleiben wollen.
Sie ist verständnisvoll
und lieb zu allen ihren Nächsten.

Ich glaube, so ein Glück braucht jeder,
wer hätte nicht Bedarf daran?

# Eine Vision

Ich habe eine Vision,
die mich völlig beherrscht.

Sie bedrängt mich schon am Morgen
beim Frühstück;
lässt mich nicht in Frieden,
wenn ich spazieren gehe,
und auch sonst nicht,
den lieben, langen Tag lang.

Ruhe gibt es erst im Bett,
wenn ich endlich die Augen schließe.

Welche Vision?
Ich werde es nicht verraten...

## Falsch

Falsch ist der Mensch,
wie gut er auch zu sein scheint.
Entschieden wird doch immer nur,
was hohle Köpfe für richtig halten.

Das ist den anderen nicht recht,
die dringend Änderung erwarten.
Die hoffen, dass im Mittelpunkt
endlich das Wohl der Menschheit steht.
Dass endlich niemand mehr
nach Hilfe schreit.

## Traurige Gefühle

Was soll ich
mit den traurigen Gefühlen,
die mir nichts nützen...
Könnte ich nicht ohne sie
vielleicht das Leben mehr genießen?

Mir wurden sie auf meine Schultern
wie eine schwere Last gelegt.
Sie drücken mich manchmal
wie eine schwere Bürde
zu Boden.

## Genug

Genug der Quälerei, genug mit all dem
Jammer!
Was sollen diese Menschen denn alles
noch erleben!

Naturkatastrophen auf einer Seite,
und Kriege auf der anderen.
Nirgendwo herrscht Sicherheit,
nicht auf der Straße,
nicht zu hause.

Erdbeben, Überschwemmungen und
Feuer schrecken sie.
Wie Regen fallen Bomben auf sie.
Sie sind verstummt; zu müde, um zu
schreien.
Und niemand hört mehr hin
auf dieser Welt.

"Um Himmels willen" zu rufen,
bringt ihnen das Leben nicht zurück.
Verloren sind ihr Hab und Gut,
verloren jede Hoffnung,
Wie  in der Steinzeit stecken sie
in Staub und Schlamm.

Die Zivilisation zeigt ihnen die kalte
Schulter,
in einem Maße, wie es das noch niemals
gab.

## Geld ist alles

Nur Geld zählt in unseren Tagen.

Ohne Geld können die Menschen
selbst kurze Strecken nicht bewältigen,
und schon gar nicht
von schönen Reisen träumen.

Es liegt immer nur am Geld.
Immer hat es die Schuld,
und nie kann man
genügend davon haben.

Sogar die Kranken können
ohne Geld nicht gesunden.

# Hinterlassene

Die uns etwas schenkten,
das für die Menschheit
von Bedeutung ist,
sind nicht mehr unter uns.

So wächst die Sehnsucht
nach einem Wiedersehen.
Man freut sich darauf,
auch dorthin zu reisen,
wo sie sich jetzt befinden.

Die Zeit ist nicht mehr fern,
bald werden wir uns wieder treffen.
Das ist der Trost, die Hoffnung,
die wir für immer hegen dürfen.

## Es reicht

Ich muss dankbar sein
für das, was alles ich besitze.
Ich möchte, dass auch andere sich
an dem erfreuen, was sie haben.
"Genug" sage ich jeden Tag,
wenn ich die Augen öffne.

Es reicht, was angerichtet wurde,
genug verdorben sind die Seelen!
Genug der Schäden, die die Menschen,
Wie wilde Tiere angerichtet haben.

## Ich wünsche mir

Ich wünsche mir eine Welt,
in der sich nichts von dem,
was ich bisher erleben musste,
noch einmal wiederholt.

Die Welt soll ohne Wohnungsmiete
und frei von Schulden sein,
von Krankheit frei und ohne alles,
was sonst mir Kummer machen will!

Das wünsche ich mir wirklich sehr,
nie wieder soll mir so etwas begegnen.

## Ich wollte

Aufrichtig lieben wollte ich
bis an das Ende meines Lebens.
Doch was geschah mit mir?
Ganz anders als vorhergesehen,
verlor ich den Geliebten erst,
und dann die Träume.

Es folgten dann Ereignisse,
für die in meinem Leben eigentlich
kein Platz sein sollte:
Katastrophen, die ich durchleben
musste,
und nicht nur ich allein.

Wie viele können nicht darüber reden,
obwohl sie wollen,
die Zunge weigert sich,
es auszusprechen.

## Kinder von heute

Kinder von heute
sitzen am Computer.
Sie haben keine Ahnung,
ob draußen etwas los ist.
Ob Frühling oder Winter ist:
Sie haben keine Zeit, darauf zu achten.

Gefangen in "sozialen Netzen",
ist Faszination das einzige, was zählt.
Noch deutlicher gesagt:
Sie sind besessen von der Technik.

Ob die Sorgen vergeblich sind,
die sich die Eltern deshalb machen?
Ist nirgends Abhilfe zu finden?
Gibt es noch Hoffnung,
die Kinder irgendwann davon zu heilen?

## Die Tage

Die Tage sind kurz,
das Leben auch.

Wenn man behindert ist
oder im Wartezimmer
auf den Arzt warten muss,
auf das Ergebnis einer Untersuchung:

Ob es dir gut geht,
oder ob du krank bist,
ob du noch weiter leben wirst,
oder auch nicht:

Diese Entscheidung liegt
allein in Gottes Hand.

Vergiss niemals zu sagen:
"Gott wird es schon wissen!"

Wenn Gott es will, lässt er
uns weiter leben.

Wenn nicht, so soll es
gleichfalls gut sein so.

## Lampedusa

Nur noch ein Schritt,
es nähert sich die Rettung!
Der Ort heißt Lampedusa,
von dort aus ist das Glück
ganz nah: Ein lebenswertes Leben.

Das Meer jedoch gestattet ihnen
nur zu ertrinken;
das Glück
stößt sie erneut zurück.

Und das erträumte Leben
bleibt wieder einmal
auf der Strecke,
es sagt erbarmungslos:
"Verrecke!"

## Liebe fehlt

Liebe fehlt
meiner Seele,
meinem Körper,
meinen Gedanken.

Überall möchte ich
ihre Wärme fühlen.

Wie herrlich müsste es sein,
wenn alles dies
vollkommen wäre.

# Mein Mann

Mein Mann,
steht treu zu mir,
er lässt mich nie allein.

Für uns bedeutet Treue:
Zusammen bleiben bis zum Ende.

Das Motto ist:
Streiten und verzeihen,
und trotz allem:
Immer zusammen halten.

Auch wenn es manchmal
zu viel zu werden scheint:
Das Ziel muss sein,
die Gemeinsamkeit zu pflegen.

## Meine Augen

Meine Augen sind
schon wieder nass von Tränen.
Die Tränen wollten eigentlich
nicht mehr wie früher fließen.
Wollten versiegen.

Doch all das, was geschieht
lässt ihnen keine Wahl.
Sie haben nie Gelegenheit
für kurze Zeit zu trocknen.

## Meine Lieben

Meine Lieben gehen
mehr und mehr dahin.
Und niemandem gelingt es,
ihr Leben zu erhalten.

Bald werde ich selbst an der Reihe sein,
„Auf Wiedersehen" zu sagen.
Ein Wiedersehen ist der einzige Trost,
den man sich jetzt noch wünschen kann.

# Menschen

Es gibt Menschen,
die auf nichts anderes aus sind,
als alles zu vernaschen,
was sie bekommen können.

Woher es kommt,
ist ihnen ganz egal:
Hauptsache, die Taschen werden voll.
Voll bis zum Geht-nicht-mehr.

Ob ihre Zeit wohl reichen wird,
das alles zu verzehren:
Sie fragen nicht danach.
Und fragen auch nicht,
was andere brauchen.

## Mich drücken

Mich drücken schon lange Sorgen
wegen der Umweltkatastrophen,
die uns bedrohen.
Sie sind nicht mehr zu übersehen,
tagtäglich wird davon berichtet.

Häuser sind zerstört
die erst mühsam erbaut wurden,
Straßen aufgerissen, die erst jüngst
erstanden.
Bäume können den Wassermassen nicht
standhalten,
neue Wagen, erst gestern gekauft, sind
zerstört.
Selbst große Schiffe reißen sich los und
treiben weg.

Ringsum hört man die Menschen
zum Herzerweichen jammern,
um Hab und Gut.

Sie haben keine Hoffnung mehr,
noch einmal etwas Neues aufzubauen.
Ich kann es nicht mehr hören.

Denn die Katastrophen gehen weiter,
sie eilen von Ort zu Ort,
um ihrer Arbeit nachzugehen.

## Mitleid

Ein bisschen Mitleid!

Gott, gib diesem Leibe
noch etwas Kraft.
Damit ich meinen Nächsten
beistehen kann.
Sie sind noch hilfloser,
als ich es je vermutet hätte.

Ich möchte aber,
dass sie sich besser fühlen,
als es mir selbst vergönnt war.

Ich möchte, dass ich beruhigt
von ihnen scheiden kann.

# Neugeborene

Die kleinen Seelen, die ahnungslos
in diese Welt gepurzelt kommen:
Wie niedlich sind sie,
wie schön anzusehen!

Wie kleine Rehe rings im Walde!
Sie sind so ahnungslos,
was alles hier geschehen kann,
so unschuldig am Laufe dieser Welt.

Was wir bereits erleben mussten,
trifft hoffentlich nicht auch noch sie!
Ich wünsche, dass das Leben ihnen
mehr Gnade schenken möge,
als es uns selbst beschieden war.

## Späte Freude

Die Kälte droht,
die Blumen haben aufgehört zu blühen.
Doch heute sehe ich,
dass neue Rosenknospen trotzig
im Garten aufgebrochen sind.
Sie lassen sich nicht unterkriegen.

Die Astern sagen:
„Nun sind wir an der Reihe!"
Sie grüßen in Farbenpracht
von ihren Beeten.
Auch sie verschenken späte Freude
in der Natur.

## Nur ein Wort

Nur ein Wort wäre mir jetzt
genug für mein Gemüt.
Es würde mir Ruhe schenken.
Ich bräuchte es für diesen Tag,
den nächsten Morgen,
für den Schlaf,
für 's ganze Dasein.

Das würde Glück für mich bedeuten,
nur dieses eine, liebe Wort.

## Politik und Küche

Zwischen Politik und Küche
ist man als Frau zerrissen und verwirrt.
"Wo ist mein Platz?" ist hier die Frage,
was ist das Wichtige für mich?

Wenn man sich nicht genügend
kümmert,
wird man von anderen überrannt,
ist den Entscheidungen
von andren Leuten ausgeliefert.

Doch kocht man nicht,
muss die Familie hungern!

So steht man oft, ist unentschieden
und fühlt sich hilflos,
versucht beidem gerecht zu werden,
und lässt so manches
nur einfach kommen,
wie es kommt.

## Reichtum

Wenn ich die Obststände
des Wochenmarktes sehe:
Wer kann das alles wohl verbrauchen,
was uns da angeboten wird?

Man hat doch nur
den einen, kleinen Magen,
der schnell zu protestieren anfängt;

dem manchmal manches
auch überhaupt
nicht gut tun will!

## Schmutziges Geld

Schmutziges Geld
soll sich mir niemals nähern!
Was ich in meinem Leben
so schwer verdient mir habe
genügt mir für ein bisschen Brot.

Was den Profit betrifft:
Der soll nicht meine Sache sein.
In diesem kurzen Leben
möchte ich allein
für meine Ruhe sorgen.

# Gegensätze

Schön sein,
manchmal auch zu schön.
Oder auch hässlich,
sogar verdorben:

Beides gehört zum Leben,
zu unserem Wohl,
gibt dem Dasein Sinn,
oder auch nicht.

Manchmal bleiben wir
mit diesen Empfindungen
auch auf der Strecke.
Bleiben allein.

## Schuldig

Schuldig fühle ich mich
niemandem gegenüber.
Das gibt mir eine Ruhe,
die himmlisch ist.

Ich wollte nie jemandem etwas nehmen,
nichts stehlen
und schon gar nichts rauben.

Meine einzige Sorge war immer,
ich könnte nicht genügend helfen.
Hatte mit jedem Mitleid,
der mir die Hand entgegen streckte.

Ob er genügend hatte,
um sich zu kleiden und zu nähren,
das war die Frage,
die mein Gemüt bedrängte.

## Verwirrt

Auch ich bin besessen,
wie ein Verwirrter,
ein seltsamer Herumtreiber,
mit tausend Gedanken,
die mich täglich quälen.

Wie ermüdet ist meine Seele!
Sogar die Augen zu öffnen,
fällt mir so schwer.

## Mensch sein

Seit ich erwachsen bin,
schäme ich mich,
ein Mensch zu sein.

Wenn ich ansehen muss,
wie der Schmerz,
der meinem Nächsten zugefügt wird,
niemanden rührt!

Das Betteln, Weinen, Jammern
gehört zu unserem Alltag.
Der gute Name MENSCH
ist dafür doch zu schade!
Verspricht er nicht stattdessen LIEBE!

Enttäuschung und Verzweiflung
werden alles am Ende
zu Grunde gehen lassen!

## Talente

Was die Talente angeht
bin ich sprachlos.
Welch eine Begabung
steckt in den Menschen,
ermöglicht es ihnen,
etwas Neues zu schaffen.

Den meisten scheint es unmöglich,
etwas Ungewöhnliches hervorzubringen.
Manch einem aber fliegt es zu,
wie im Spiele, ein Zeitvertreib.

## Undankbar

Sie sagen niemals danke:

Selbst kleine Wehwehchen
bedeuten den Weltuntergang für sie.
Ihr Egoismus kennt keine Grenzen.
Alle, nur nicht sie selbst,
sind fremd für sie.

Menschen in Not zu sehen
und zu verstehen
kommt nicht in ihren Sinn.
Ihr Leben ist die ganze Zeit
nur ihnen selbst gewidmet.

Es wird, wenn es zu Ende geht
zusammen mit ihnen
im Sarg verschwinden
und vergessen werden.

## Unwetter

Noch ist der Garten schön,
sorglos blühen die Blumen vor sich hin.
Doch plötzlich kommt ein Regen,
so heftig, dass er ihrem Gedeihen
ein Ende setzt.

Ganz unerwartet wird vielleicht
das Wasser steigen,
werden Menschen jämmerlich
in ihren Wohnungen ertrinken.
Und niemand wird dann fragen,
ob die Blumen
vom Glück verlassen worden sind.

## Viel zu tun

Es gibt so viel zu tun, bevor
mit kochen man beginnen kann
am Herde.

Und kochen, kochen,
putzen, putzen:
Immer das selbe:

Bevor man fertig ist damit,
ist die Erinnerung daran
schon längst vergangen.

## Vorfreude

Schon wieder sieht das Wetter traurig
aus!
Schon wieder lässt es uns die Lust
verlieren!

Bald soll uns Weihnachten erfreuen,
künstliche Lichter werden
das Grau verdrängen,
mit Kerzen und mit Schmuck
die Tage
zum Leuchten bringen!

## Was ist passiert

Ob nah, ob fern:
Schon wieder kommen
nur schlechte Nachrichten herein.
Wo wir auch sind,
wir werden überall durch sie belastet.

Unser gemeinsames Geschick
liegt in den Händen böser Menschen.
Die Guten unterliegen,
was sie entscheiden,
gilt wie immer nichts.

In fremden Küchen
wird das Schicksal
für uns gekocht.
Was uns als Nahrung zusteht,
wird täglich uns
nur unter Zwang serviert.

## Weg damit

Weg mit den Klamotten,
alles weg vom Leibe,
zieh aus die Jacke, Strümpfe, die
Krawatte,
was immer du auch sonst noch trägst:

Sei endlich frei,
so wie von Gott geschaffen!
Und stirb auch so,
wie du gekommen bist!

## Sternenstaub

Weg will ich,
weg vom Fenster;
weg von dieser Welt.
Möglichst schnell
verschwinden.

Ich möchte Gott bitten,
mich nie wieder
hierher zu bringen.

Lieber ein Stein sein im Gebirge
oder ein Sternenstaub
über der Erde.

Das wäre mir lieber gewesen,
wenn ich es recht bedenke.

## Wie das Wetter

Wie das Wetter
so ist man selbst auch manchmal:

Mal grau, mal rot strahlt das Gesicht.
Und manchmal rosa,
wenn ein Blumenstrauß
uns Freude schenkt.

## Wie die Tomaten

Die Jugend ist vergangen
wie die Tomaten,
die auf dem Feld
vergessen wurden.

Verschrumpelt und vertrocknet,
bevor sie jemand essen wollte.
Keiner hat sie je bewundert,
keiner sie probiert.

Zertreten liegen sie am Boden,
ehe jemand sie kosten konnte.

# Ordnung

Wie oft schon habe ich
all meine Sachen
sorgfältig aufgeräumt.

Doch wie ich sehe, liegen sie
schon wieder überall herum.
Jetzt hab ich wirklich keine Lust mehr.

Wirf doch, wie Sartre, all dein Zeug
mitten im Zimmer einfach hin!
Dort findest du dann alles wieder,
was du so brauchst!

Musst nur ein bisschen wühlen drin,
und schon entdeckst du etwas Schönes,
und kannst dich fröhlich darin zeigen.

## Gedanken

Wohin ich fahre
kommen meine Gedanken mit.
Sie sind meine Freunde,
die mir nie Ruhe lassen.

Und ich bin froh darüber,
dass ich niemals allein bin,
dass da etwas ist,
das ich stets bei mir haben kann.

Wie fürchterlich müsste es sein,
wenn mein Kopf einmal leer wäre!

## Wunder

Ich habe gerade
meine Liebe verloren.
Auch die Hoffnung,
eine neue zu gewinnen,
es vielleicht noch einmal
von vorne zu beginnen.
So wie die Welt, die sich aufs Neue
vom Dunkeln in das Helle dreht.

Meine Gedanken bestaunen
das Universum:
Wie gelingt es ihm
den Kampf zu überstehen!
Ein immer neues Wunder,
so wie das Wunder der Geburt
hier bei uns allen.

# Wunderbare Vergangenheit

Endlich war sie gelungen,
die Suche nach dem Glück.
Doch war es nur von kurzer Dauer,
in der man es genießen durfte.

Doch die Erinnerungen bleiben
Ein ganzes Leben lang bestehen.
Was würde ohne dieses Wissen
das ganze Dasein uns bedeuten!

Am Ende wollen auch die Glieder
nicht mehr gehorchen, wie sie sollen:
Wozu jetzt immer weiter suchen,
weiter und weiter? Doch wohin?

# Zu eng

Zu eng zusammen
werden die Häuser gebaut.
Als ob es keinen Platz mehr gäbe,
sonst auf der Welt.

Beengt ist man
von allen Seiten, überall,
im Zimmer, in der Küche.
Und selbst das Klo ist eng.

Zu hoffen ist, dass wenigstens im Bett
ein bisschen Platz ist, um die Beine
und Arme aus zu strecken.

Und hoffentlich wird endlich oben
im Himmel der Platz großzügig verteilt,
und nebenbei genügend Schutz
vor Meteoriteneinschlägen vorgesehen!

## Zu schwer

Schwer fallen mir die Worte,
Die mir auf meiner Zunge liegen,
Als ob sie gar nicht existierten.

Man bleibt am liebsten ohne Worte:
Es ist ja so und so
an jedem Tag dasselbe, was geschieht

Gerade so, als habe man bisher
noch niemals irgendwas gesagt.

# Wiederaufbau

Die Menschen, die es getroffen hat,
stöhnen verzweifelt:

Nicht noch einmal!
Nicht noch einmal damit beginnen,
von Neuem alles aufzubauen!
Wie oft schon hat es uns betroffen,
sind unsere Häuser platt gemacht auf
Erden!

Kriege, Katastrophen, zielloses Fliehen,
von hier nach dort:
Menschliches Versagen verfolgt uns
überall,
es nimmt uns jeden Aufbauwillen!

## Das Alter

Sie sind so mit dem Leben hier vertraut.
Sie fühlen sich, als wären sie
hier fest verwurzelt.

Doch für die Nachkömmlinge
wird auch ein Platz gebraucht,
wo sie und ihre Welt gedeihen können.

Den Raum für Neues
braucht jedes Lebewesen.
Wie kleine Frösche,
die aus den Eiern kriechen,
wie kleine Vögel, die nach Futter
schreien,
so wie die Kätzchen, die von ihrer Mama
gesäugt sein wollen.

# Gleiches Recht

Ein scheußliches Leben
herrscht ringsherum!
Die Unzufriedenheit
wird ständig größer.
Alle haben eigentlich das gleiche Recht,
ihr Leben zu gestalten.
Die Chance dazu sollte unbedingt
jedem gewährt sein.
Nur dann kann der erhoffte Frieden,
kann das Zusammenleben funktionieren.

## Millionen

Millionen von Menschen
stehen frustriert herum.
Sie rufen in die Welt:
„Wir wollen funktionieren,
wie jeder andre auch!
Und wenn wir dafür kämpfen müssen,
so soll es auch geschehen,
bis wir das Ziel erreichen,
das uns vor Augen steht.

Das Ziel lohnt es auf jeden Fall,
es zu versuchen."

## Die Masse

Wenn ich die Masse von Menschen sehe,
fürchte ich, sie werden irgendwann
auch auf uns zukommen,
um uns zur Rechenschaft zu ziehen.

Dabei haben wir selbst nur trockenes
Brot
und bisschen verdorbenes Obst im
Schrank.

Aber wird ihre Wut dann danach fragen,
ob wir zu denen gehören,
denen es besonders gut geht?

# Für die Religion

Für die Religion zu kämpfen,
ist jämmerlich:
Ein Kampf, auf Lügen aufgebaut,
ein Trick der Politik, wie jeder andere
auch.

Man fällt herein auf eine Maschinerie,
die ihren Willen durchzusetzen sucht.
Auf den Versuch,
die Menschen anzuheuern,
um sie für eigene Zwecke auszunutzen.

Und wenn auch diese Macher
auf Dauer nie ihr Ziel erreichen,
wie man schon oft
in der Geschichte sehen konnte:

Die Versuche dazu werden
wohl auch in Zukunft
die Menschen kaum in Ruhe lassen.

## Allah sieht alles

Allah sieht alles:
Wer seinen Namen missbraucht
für eigene Zwecke,
im Namen Gottes
seine eigenen Ziele
erreichen möchte:
Er wird zu den Ungeliebten gehören,
und auf der Strecke bleiben.

Diejenigen, die wirklich glauben,
sind auf dem richtigen Wege,
ihr Ziel ist Gottes Haus,
ist das ersehnte Paradies.

## Es gibt soviel Unheil

Es gibt soviel Unheil in diesem Leben,
das einem plötzlich zustoßen kann.
Man muss fortwährend damit rechnen,
dass irgendwas passieren wird.

Soeben war so mancher noch voller
Pläne,
die er nicht mehr beenden konnte:
Denn leblos liegt er auf der Erde
und hat sein Dasein, seine Träume
schon verloren.

## Nie sicher

Du kannst nie sicher sein:
Was du besitzt,
dein Reichtum, deine Bildung,
dein Selbstbewusstsein:
Sie helfen nichts.

Es braucht nur einen Sturz,
dass du plötzlich am Boden liegst,
und keine Kraft mehr hast,
dich wieder aufzurichten.

Dann liegt es nur an Gottes Willen,
welche Entscheidung er für dich fällt.

## Ein Irrtum

Es ist ein Irrtum,
wenn man sich einredet,
dass man groß und mächtig sei:
Dabei ist man so klein,
dass man in einen Sarg passt!

Dann hat nichts mehr Bedeutung:
Was man besitzt an Hab und Gut,
mit sich herum schleppt,
worauf man stolz ist,
was man sein Eigen nennt:
Selbst unsre Kinder sind vergänglich!

Was wir verstehen müssen ist:
Dies alles gehört nicht wirklich uns,
gehört allein der Erde.

## Gottes Wille

Dass es so kam, war Gottes Wille.

Doch mag man selbst nicht daran
glauben.
Man hat vielmehr das Gefühl,
es hätte einfach immerfort
so weiter gehen müssen.

So aber war es uns bestimmt:
Gott ist da, wenn wir ihn brauchen,
weil er uns immer in den Armen hält.
Nur manchmal ist er über uns erzürnt:
dann stürzt er uns
einfach in einen Jammer.

# Todeserwartung

Man darf nicht unbeweglich warten,
als sei man fest verwurzelt
in dieser Erde hier.

Man sollte sich in Gedanken schon
ein bisschen darauf vorbereiten,
in eine andere Welt zu wechseln.

Wer weiß,
vielleicht ist es dort besser,
als krank und elend
auf das zu warten,
was hier noch kommen wird.

## Ich gebe nicht auf

Ich höre nicht auf, zu lieben.
Nur dieses Gefühl ist es
was meinem Leben Sinn gibt.
Weil es mich aufrecht hält,
mir einen Halt gibt und
mich dazu anregt,
etwas Gutes zu tun.

Ich kann es nicht begründen,
woher dieses Bedürfnis kommt,
warum es mein Leben schöner macht:
Ich stelle keine Frage mehr,
auch wenn du es nie verstehen wirst.

Denn was dir fehlt
ist einfach diese Liebe,
die du so manches Mal
verächtlich abgewiesen hast.

## Manchmal denke ich

Ich bin allein und einsam,
verlassen von allen guten Geistern.
Oft denke ich, für diese schwere Last,
die ich zu tragen habe,
fehlt mir die Kraft.

Ich denke, ich sollte alles so lassen,
wie es schon immer war.
Einfach vorüber gehen
und nicht nach hinten schauen.
Nicht daran denken,
was alles mich belasten will.

## Menschenmasse

Die Menschenmasse wird dirigiert
von unsichtbaren Kräften,
welche die Fäden in Händen halten,
an denen sie uns tanzen lassen:
Wir springen, stürzen, verbeugen uns
und fallen auf die Knie nach ihrem Willen.

Sie geben dazu die Befehle,
und ohne ihre Führung
hat niemand seine Ruhe.

Was uns in diesem Spiele zusteht,
ist ohne Widerspruch gehorchen.
Selbst was wir trinken
und essen möchten,
sollen wir zuvor
erst um Erlaubnis fragen.

## Euch beide

Ich habe Sehnsucht nach euch,
wie ich mich nach dem Frühling sehne.
Es fehlt mir beides:
Die Wärme fehlt, der Duft;
der Blumen Lächeln.

Ohne Euch ist es schwer,
die Kälte zu ertragen.
Der Wunsch ist da,
mir fehlt *nur euer Wille*.

Bald seid ihr wieder da:
Das ist es, was ich hoffe.
Mit offenen Armen warte ich darauf,
euch endlich zu umarmen.

## Inspiration

Gerade als ich dich
am meisten brauchte,
kamst du, als hättest du es
schon längst gewusst.
Ich hatte auf dich gewartet,
seitdem ich denken kann.

Gott weiß, dass ich mir
dich schon immer wünschte.
Das half mir, als ich schon
die Hoffnung aufgeben wollte.

Endlich sind die Gefühle bereit
etwas Neues zu erleben,
das Wunderbare
darf sich endlich zeigen.

## Die Gestalten

Die Gestalten treten
hier auf und dort,
als ob sie etwas Großartiges
leisten würden.

Dabei ist die Welt
eigentlich nicht mehr zu retten.
Ringsum liegt alles
voll Dreck, Schutt und Asche.

Sie reden trotzdem
vom politischen Triumph.
Weil sie selbst nicht wissen,
wofür sie sich bemühen.

Obwohl die Bilder
jeden Tag aufs Neue
vor unser aller
Augen stehen.

# Katastrophen

Als Warnung treffen sie
die Menschen ohne Gnade,
genauso, wie diese im Krieg
ihre Untaten vollbringen.

Da ist kein Unterschied,
was das Böse und Gute angeht.
Die Natur und die Menschen
stürzen sich gleichermaßen hinein.

Aus der Nähe

Von Weitem sind die Berge
unbekannt, unerkannt.

Doch aus der Nähe
sind sie aufregend,
schön und wunderbar.
Streben aufwärts und abwärts,
und sind voll mit Lebewesen,
die sie in sich bergen.

Genau so,
wie auch die Menschen sind.
Erst fremd und unbekannt;
aber es lohnt sich,
ihre Ecken und Kanten
von Nahem zu entdecken.

## Zu schnell

Zu schnell läufst du weg,
bevor du mich gesehen hast.
Was in deinem Kopf vorgeht,
scheint folgendes zu sein:


Du hast dich entschieden,
für etwas, was du schon immer warst.
Stur, schweigsam, tot ernst sein,
und immer so zu bleiben,
wie von Geburt an
du schon gewesen bist.

Also bleib weiter in dieser Bahn.
Es scheint, als ob dort zu sein,
dir den nötigen Halt gibt.

## Probleme

Diese Welt ergibt
mit all ihren Problemen
kein sympathisches Bild.


Leider sind die Menschen
selbst auch Probleme,
und nicht in der Lage,
sie zu bewältigen.

Aber sie können Raumschiffe bauen,
und Roboter erfinden,
und Technik bereit halten,
um fliehen zu können,
wenn etwas passiert.

Hinterlassenschaft

Was hinterlässt der Mensch,
wenn er nicht mehr da ist:
Eine Handvoll Asche,
ein Stück Dreck vor der Tür.

Nur noch ein Sarg,
um ihn tragen zu können,
und ein Bund Blumen,
um tschüss zu sagen.

Und innen drin,
ist gerade genug Platz,
dass er hinein passt.

## Quitt

Was die Menschen erreicht haben,
was ihnen geschenkt wurde von der
Erde,
geben sie am Ende wieder zurück.

Als ob ihnen das Ganze
nur geliehen wurde.
So ist das Leben wohl,
wenn es vorbei ist:

Man legt Rechenschaft ab,
ob alles zusammen
sich zu Null ergänzt,
ob wir quitt sind mit allem.

## So sind wir Menschen

So sind wir Menschen wohl:
Geboren sein, erwachsen werden,
hoffen,
sich ärgern, hassen, lieben.

Verlieben, Samen ausstreuen,
Kinder gebären,
am Ende bereit sein,
aus dem Leben zu scheiden,
weil wir genug davon haben
und müde sind.

So wie die Sonne untergeht am Abend
und sich zurückzieht:
So sind wir auch.

## Hinaus ins Licht

Was im Dunklen geplant wird,
zeigt sich am Morgen.
Wieder verjagt ein Schreck
die Menschen von Ort und Stelle.
Der Teufel ist hinter uns her,
der Hexenkessel steht auf dem Feuer:

Er kocht über und verbreitet sich,
um die Menschen zu ertränken.
Das Feuer steigt so hoch,
dass der Himmel zerreißt.
Mütter und Kinder sind still,
liegen in Not in der Kälte,
warten umsonst auf Hilfe
von irgendwo.

So ist der Egoismus,
er schreit bis zum Himmel.
Es ist doch egal was passiert:
Am Ende ist es ja nur
ein Menschenleben.

Wie soll ein kleines Kind
das jemals verstehen,
das sich verängstigt klammert
an den Rocksaum seiner Mutter!

## Die Augen zu drücken

Die Augen zu drücken kann ich nicht,
die Ohren zu zu halten gelingt mir nicht,
den Kopf wegdrehen will ich nicht:
Mein Herz schmerzt
und elend fühle ich mich.

Wenn ich die Menschen
am Wegesrand sehe
in Not und von allen verlassen,
verdamme ich alles,
was eigentlich schön ist.

## Einerseits - andererseits

Einerseits belügen die Menschen,
mit Lichtern und goldenem Schmuck sich
selbst.
Als ob alles sonst auf der Welt
in Ordnung wäre.
Es soll tüchtig gefeiert werden.
Heiliges denken, heiliges sehen,
heilige Gesänge sollen wir hören.

Andererseits machen die Leute
die Augen zu,
wenn gequälte Menschen,
eine warme Ecke zu finden versuchen.

Mein Gott, es ist schwer für mich,
die Existenz, die ich
mit der eigenen Hände Arbeit
und mühsam aufgebaut habe,
unter solchen Umständen zu genießen.

## Herbstwärme

Meine Hände und meine Füße
sind kalt geworden.
Weil ich dauernd auf der Suche
nach Wärme bin.
Nach innerer Wärme meine ich.
Nicht Wärme, die mich
zu verbrennen, zu vernichten droht:
Damit habe ich mich genug gequält.

Endlich soll nicht mehr die
Sommerwärme,
sondern die Wärme des Herbstes,
mir näher kommen,
die mich weder verbrennt,
noch zu vernichten versucht.

Heiße Liebe, heiße Gefühle, ein heißer
Kopf:  Das bitte nicht mehr!
Ich bin zufrieden mit meinen Gliedern,
die mit der Herbst-Kühle  vertraut sind...

## Schlaflose Nächte

Voller Gedanken liege ich schlaflos
jede Nacht hier im Bett.
Ob wir alle diese armseligen Menschen
herein lassen sollten?
Was sich daraus ergeben wird,
weiß nur Gott im Himmel!

Wenn ich nicht alt und krank wäre,
hätte man mir alles Mögliche
zumuten können.
Aber ich denke,
dass man daran zugrunde gehen kann.

Diese Schreckenstage,
die wir gerade erleben,
die völlige Hilflosigkeit,
könnte jeden treffen,
und nicht nur mir
schlaflose Nächte bereiten.

## Anderen helfen

Jeden Tag gehe ich aus
und versuche, meine letzten Groschen
für gute Zwecke auszugeben.
Das tue ich auch,
bin aber jedes mal traurig,
weil viele ohne solche Gaben
auskommen müssen.

Ist das nicht ein Jammer,
dass man seinen guten Willen
nur so begrenzt einsetzen kann?

Ich möchte die Anderen aufmerksam
machen:
Alles, was wir mühsam angeschafft
haben,
hat keinen Sinn mehr:

Die Kinder wollen sich selber
ihren eigenen Kram kaufen,
und mit Stolz darauf leben.

Das Motto lautet:
Wir können nichts mitnehmen!

Das müssen wir endlich akzeptieren,
bevor es zu spät ist!

# Einmal

Einmal möchte ich gedankenlos sein
und meinen Kaffee
in himmlischer Ruhe trinken.

Einmal möchte ich mich
an dieser wunderbaren Welt erfreuen.
Einmal sorglos auf die Straße gehen
und nicht mehr das Elend sehen müssen.

Einmal ohne Zukunftsangst
mich am Dasein erfreuen.
Mir einmal um das kommende Alter
keine Sorgen machen müssen.

Einmal muss auch für mich
Grund zur Freude bestehen.

# Inhaltsverzeichnis

Zeitfracht Medien GmbH
Ferdinand-Jühlke-Straße 7
99095 Erfurt, Deutschland
produktsicherheit@kolibri360.de